制度篇

古人

有意思

吴 晗 彭麦峰
－著－ －绘－

U0352996

北京理工大学出版社
BEIJING INSTITUTE OF TECHNOLOGY PRESS

图书在版编目（CIP）数据

古人有意思．制度篇 / 吴晗著；彭麦峰绘 . -- 北
京：北京理工大学出版社，2023.2
ISBN 978-7-5763-2008-4

Ⅰ . ①古… Ⅱ . ①吴… ②彭… Ⅲ . ①政治制度史—
中国—古代—通俗读物 Ⅳ . ① K220.9

中国国家版本馆 CIP 数据核字 (2023) 第 003127 号

出版发行 / 北京理工大学出版社有限责任公司
社　　　址 / 北京市海淀区中关村南大街 5 号
邮　　　编 / 100081
电　　　话 / （010）68914775（总编室）
　　　　　　（010）82562903（教材售后服务热线）
　　　　　　（010）68944723（其他图书服务热线）
网　　　址 / http://www.bitpress.com.cn
经　　　销 / 全国各地新华书店
印　　　刷 / 河北盛世彩捷印刷有限公司
开　　　本 / 880 毫米 ×1230 毫米　1/32
印　　　张 / 7.75　　　　　　　　　　　　责任编辑 / 朱　喜
字　　　数 / 143 千字　　　　　　　　　　文案编辑 / 朱　喜
版　　　次 / 2023 年 2 月第 1 版　2023 年 2 月第 1 次印刷　　责任校对 / 周瑞红
定　　　价 / 49.00 元　　　　　　　　　　责任印制 / 李志强

图书出现印装质量问题，请拨打售后服务热线，本社负责调换

目录

第一章

礼崩乐坏的战国到秦朝

"变法"的试验田

　　战国时期，争霸进入了白热化阶段。为了成为最后的赢家，各国纷纷变法图强。一时间，列国简直成了"变法"的试验田。最终，秦国通过商鞅变法，灭了六国，建立了大一统的秦朝。

商鞅给皇帝讲的《一千零一夜》

每个人都渴望变得更强，集体也如此。战国时期，各国为了变强，奇招频出。你们知道谁出的招最厉害吗？

那必须是商鞅呀！

他就是今天故事的主人公——商鞅。商鞅是卫国人，原本在魏国做事，可是魏王并不重用他。

恰逢秦孝公出《求贤令》，商鞅就来到秦国，说服秦孝公开始变法。

商鞅在城南门立了根木头，说只要能将其搬到北门就给金子。有人试了试，立马得到了赏金。这下子，老百姓都知道朝廷法令可信了。

取得百姓的信任后，商鞅开始颁布法令。

最有名的是废井田，禁私斗，以军功授爵。

这些都大大提升了秦国的国力，但却让很多权贵恨得牙痒痒。

秦孝公去世后，太子继位，车裂了商鞅，但却继续实施商鞅的法令。

秦国愈来愈强，最终吞并六国，统一了天下。

治法之所以为治，是在治人之尊重与力行。

——吴晗《吴晗讲历史：中国人的生存规矩》

韩非之死——李斯的羡慕、嫉妒、恨

无论在现代还是古代，同学情谊都十分宝贵。那么在古代，同学们怎么相处呢？一起来聊聊李斯和韩非的同学情谊吧。

李斯是楚国人，年轻时追随荀子学习。

同学韩非是韩国的贵公子，家境好，博学多才。

毕业后，李斯去了秦国，韩非选择回到韩国。

韩非经常上书规劝韩王，韩王却听信奸臣谗言疏远他。李斯却在秦国混得风生水起，获得嬴政的重用。

有人向秦王推荐了韩非的著作。秦王非常欣赏，渴望见到作者。李斯立即献计招来韩非。

就这样，分别多年的两位同学终于又见面了。

韩非大受秦国欢迎，李斯非常嫉妒。他伙同大臣诬陷韩非，秦王将韩非处死。除掉对手后，他终于成为丞相。只是好景不长，秦始皇去世后，秦二世听信赵高谗言，将李斯处死了。

师弟，为了哥哥的荣华富贵，你就吃了它吧。

韩非的学说，为新兴的地主阶级加强封建专制统治提供了理论基础。

——吴晗《中国历史常识》

秦始皇——中国第一个称皇帝的君王

历史上有很多皇帝，像汉武大帝、唐太宗、康熙、乾隆……那么，中国第一个皇帝到底是谁呢？他都做了哪些事呢？

嬴政，13岁亲政后，放逐丞相吕不韦，任用李斯、王翦、蒙恬等良臣武将。

他吸纳各国优秀人才，最终吞并了六国，统一天下。

嬴政觉得自己功盖三皇，德高五帝，于是
自称"皇帝"。

　　中国第一位皇帝诞生了。

　　他觉得，王朝一定能千秋万世，便自称为
"始皇帝"。

秦始皇积极巩固自己的地位，实施郡县制、三公九卿制，修筑万里长城，统一度量衡。这些制度，后来被汉朝继承了。

儒生妄议朝政，秦始皇大怒，听从李斯建议，焚烧了诸子百家等著作。

方士寻药不力，却在背后议论，于是始皇帝下令坑杀诸位方士。

后世称之为"焚书坑儒"。

秦始皇大兴徭役，征用民夫修建阿房宫、秦皇陵。秦法严峻，不按期服役会严惩。秦始皇死后，陈胜、吴广揭竿起义，各地纷纷响应，最终推翻了秦朝。

秦的统一，是适应当时社会发展的趋势，符合广大人民的利益和要求，具有重大的进步意义。

——吴晗《中国历史常识》

秦朝的三公为何是一个人，难道皇帝用工荒

碰上用工荒，老板们可着急了。在秦朝，

三公居然只有一个人，难道皇帝也招不到人吗？

三公是古代地位最高的三个官职。

各时期不尽相同，但位列三公却是历代大臣的终极目标。

周朝，太师、太傅、太保通常被称为三公。

周朝建立时，陕以东，周公主政，陕以西，召公主政，朝堂之上，丞相主政。

秦始皇统一六国后，建立三公九卿制度。三公为丞相、太尉、御史大夫。九卿为奉常、廷尉、治粟内史、典客、郎中令、少府、卫尉、太仆、宗正。

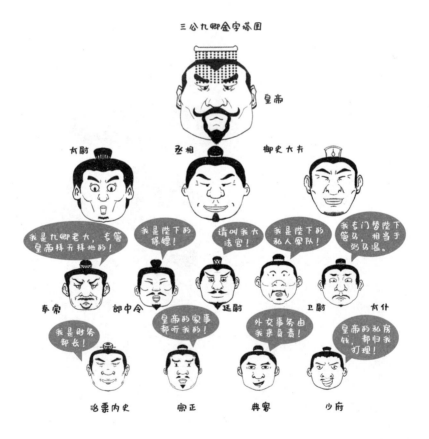

三公九卿金字塔图

丞相是最高行政长官，管辖九卿。

太尉执掌军政大权。

御史大夫则作为丞相的助手，帮助协理朝政，还有监察百官的责任。

你们可别偷懒啊，我可是会打小报告的哟！

职位如此设立，但却没有人真的担任过太尉。军权牢牢掌握在自己手中，皇帝才会安心。

御史大夫协助丞相处理国家大事，等同于有监察权的副丞相。所以，秦朝的三公实际上只有丞相一人。而九卿也不一定是九个人，多用来代指官位很高的人。

后世，虽然也设立三公制度，但都是荣誉职位，并不掌握实权。三公彻底沦为虚衔。

秦是中国历史上第一个统一的专制主义中央集权国家，确定了皇帝至高无上的权力，并建立了比较严密的官制。

——吴晗《中国历史读本》

秦朝的省和市叫什么

我国共有 34 个省，几百个市级行政区。在古代，省和市如何划分？

商周实行分封制，各封国自主性太强，领土内的一切经济大权、军权，都由封主说了算，很容易变得不听话。

春秋时期，部分诸侯国强大了。

为了进一步增强国力，他们对本国不再分封，改成直接统治。

郡县区划萌芽了。

设郡晚于设县。

最初，县的地位要高于郡。

郡都设在位置偏、经济不发达的地区。

战国时，强国开疆扩土，郡的地位渐渐提高。辖地越来越大，一个郡分置数县。

郡县制初步形成。

秦始皇统一六国后，面对空前辽阔的疆域该如何治理犯了难。

后来，秦始皇将天下分为36个郡，近1000个县。

划郡时，也考虑到自然地形以及经济发展的不平衡。

成熟的郡县制终于实施。

实行郡县制度，中央政府的权力可以直接下达至各地，避免了地方的割据称雄，巩固了国家的统一。

——吴晗《中国历史读本》

在秦朝偷东西，小心成了"剁手党"

普法时间到！盗窃罪达到量刑标准的，最少要判一年以下有期徒刑。在古代，盗窃会怎么判呢？

战国时，魏国丞相李悝制定第一部比较系统的法典《法经》，共有《盗法》《贼法》《囚法》《捕法》《杂法》《具法》6篇。

商鞅在秦国变法，以《法经》为蓝本，制定了《秦律》。

　　《秦律》兼具《法经》6篇，并增设了《田律》等内容。

秦朝法律严苛繁杂，有律、令、式、法律答问等，想在秦朝当公务员，就必须懂法律。

以偷东西为例，如果有人在秦国偷了别人家的桑叶，值 10 元左右，就要当三十天苦力，相当于劳动改造了。

有人入室盗窃，必须先交罚款，再在脸上刺字。如果团伙作案，情节严重，就要切掉左脚指头。秦律严苛可见一斑。

秦代法律制度不仅在形式上条目繁多，法网严密，而且在内容上也相当广泛和具体。

——吴晗《中国历史读本》

以后出游不用兑换货币，也不用带翻译了

"叮咚，支付宝到账 50 元"，手机收付款就是如此方便。
在古代用什么交易呢？人们各自讲各自的方言，听得懂吗？

战国时流行多种货币。

布币像铲子，韩、赵、魏、燕通用。

刀币，齐、燕、赵通用。

秦国以环钱为主。

蚁鼻钱形状像人做鬼脸，楚国通用。

我的最标准！

方言就更乱了。秦国人一口古秦腔，魏国人说古山西话，赵国是古河北腔。韩国人说古河南话，燕国人说古东北话。楚国人是古湖北方言。齐国人说古山东话。

出个门，要换刀币、圆钱、环钱，还要请翻译，真麻烦！

战国时出门远游，得做足准备。出发前准备好各地不同的货币，自带干粮，最好还要请一个会各种方言的翻译。比今天出国难多了。

秦国统一后，废除旧钱，新币秦半两。秦半两圆形方孔，全国通用。

秦国废除了六国方言，推行中原雅语，彻底结束鸡同鸭讲的现象。

战国时,各国的田亩大小、服装制度、法律法令、语言文字都不一样,秦统一后,这种紊乱现象当然不能容许再存在。

——吴晗《中国历史读本》

第二章

照搬秦朝制度的汉朝

抄作业，也能抄出个盛世

汉朝建立后，各项制度都抄袭秦朝，比如郡县制、三公九卿制、察举制等。虽说是抄作业，但是在汉朝皇帝的励精图治下，汉朝迎来了文景之治、汉武盛世。

汉朝的官员为什么都害怕刺史

同学们，老师检查作业时，你们会紧张吗？不用难为情，汉朝的官员碰到刺史检查时更害怕。

汉朝立国，仿照秦朝建立三公九卿制度。丞相总揽政务，太尉掌军政，御史大夫负有监察职权。丞相下设的丞相史也有监察地方之责。

为整顿吏治，汉武帝创建了刺史制度。

他将天下分为13州，每州为一监察区，由一名刺史负责，直接向皇帝汇报。

刺史秩卑，只有六百石，没有固定办公室。每年秋季开始巡查，年底得向皇帝复命。寒冬季节，刺史得跑遍整个州。

条件艰苦，刺史们却干劲十足。

汉朝满九年才能升一级，而刺史满九年就能从六百石越级升至两千石高位。

这使汉朝吏治为之一清。

汉朝后期，刺史权力不断强化，渐渐变成地方州牧。

东汉末年，更是形成了地方割据势力，间接导致了汉朝的灭亡。

厚禄严刑，交互为用，社会有舆论指导监督，政府有监察机关举劾纠弹，贪污的肃清当然可操左券。

——吴晗《中国历史读本》

想要当官，可别有差评

现代社会，差评最可怕。有了差评，就失去了信用。在汉代，想当官也同样害怕差评。

好想穿越回古代，不用考试也能当官！

汉朝人想当官，"察举孝廉"是主要方法。

要由郡守推荐、中央复试，合格后录用。

以推荐为主，以考试为辅。

郡县推举有名额限制，每年只能推
举孝、廉各一人。

被推举孝廉者必须得符合一定标准。

首先，孝顺父母，品行高尚，清正廉洁。其次，学识渊博，精研经书，在地方有一定的知名度。

此外，熟悉法律知识，能判案决疑，还要沉稳刚毅，多谋善断。具备这些条件的人才能入选。

凡事有利就有弊，郡守是否公正关系着察举制的成败。

东汉时期，甚至有了"察孝廉、父别居"的笑话。

世家大族相互察举，最终形成门阀制度。

封建统治阶级为了调解他们的内部矛盾，更好地加强他们对劳动人民的统治，就逐渐打破了各级官吏的世袭制度，而采用选拔制度。

——吴晗《中国历史读本》

孔夫子说的话越来越普及化

"全世界都在学中国话，孔夫子的话越来越国际化"，这句歌词大家应该都不陌生吧？孔子在当代可是很受欢迎的。有没有人想过，他的思想是从何时被重视的呢？一起来看看吧。

真没想到我会这么受欢迎！

孔子是春秋时著名的思想家、教育家。

别看现在孔子受欢迎，在当时可相当不受待见。他周游列国，却不受重用。

汉武帝时，孔子的思想才遇到知音。

汉武帝听从董仲舒的建议，罢黜百家，独尊儒术，确立儒家思想的主导地位。

历代统治者也将孔子捧上神圣的地位。

为彻底推行儒家思想，汉武帝下令兴办太学，设立五经博士，征召儒生当官。他还把不研究儒家经书的博士们全部辞退。

独尊儒术有利于统一思想，却促成了封建专制集权。自此以后，古代中国再也没有出现百家争鸣的盛况了。

孔圣人肉不方不食，这拼肉有点不规则，还是别吃了吧。

历朝统治者对孔子都是备极尊崇的。这是因为孔子的哲学思想和政治主张，正是维护他们统治秩序的工具。

——吴晗《中国历史读本》

第三章

制度创新的魏晋南北朝

一部小弟反骨老大的教科书

　　门阀制度起源于魏晋时期的九品中正制,鼎盛于南北朝。当时流传着"士族共治天下"的说法。可惜,由于世族自身的腐朽,门阀政治也随着南北朝的灭亡而最终消亡。

为什么"书圣"王羲之被封为右军将军

　　练书法的人对王羲之都不陌生。一幅《兰亭贴》，几千年来难寻对手。你知道吗？写字只是王羲之的副业，他的主业是右军将军。

没错，我字写得好，又是将军，简直就是文武全才啊，快赞我！

王羲之生活在东晋时期，做过右军将军，所以被人们称为"王右军"。

他当将军，是因为带兵能力出众吗？并不是，只因他姓王。

王羲之出自当时顶级豪门琅琊王氏。

当时盛传这样一句话"王与马，共天下"。

马指当时的皇族司马家族，王就是指琅琊王氏。

王氏家族这么牛，源于九品中正制。它由曹丕采用陈群的建议而制定的，影响达四百年之久，直至隋唐科举制产生才被废除。

第三章 制度创新的魏晋南北朝 ••• 075

九品中正制，将天下英才分为上、中、下三等。

　　每个等级又分为上、中、下三品，这样就有上上、上中、上下、中上、中中、中下、下上、下中、下下九个品级。

中正是官职，专门负责给被评选人评定品
级，相当于评委。

　　中正分为大中正和小中正。

　　大中正一般由德高望重的朝廷高官担任。

春天在哪里，春天就在九品中正里！

世族们把持着品评的权力，九品中正制逐渐沦为世族的工具。门阀迎来了春天，底层士人被压制，毫无晋升渠道。

　　九品中正制只起了为世家豪族阶层服务和巩固世家豪族政治地位的作用，实际上并不能选拔真正的人才参与政事。

——吴晗《中国历史读本》

身为皇后想干政也小命不保

现代社会，事业女性比比皆是，古代女性可没那么幸运。

哪怕贵为皇后，想创业，也可能小命不保。

司马炎逼迫曹魏政权禅让，建立西晋王朝。他去世后，儿子司马衷继位。司马衷智力低下，根本不能治理国家。大臣向他汇报天下闹饥荒，他居然问："他们为什么不吃肉？"

傻子当皇帝，大权自旁落。

朝政被太傅杨骏把持。

皇后贾南风对此很不满意。她想参政，却遭到杨骏百般阻挠。

为做一番事业，贾南风心生一计。

贾皇后召来汝南王司马亮和楚王司马玮，以谋反罪名诛杀杨骏。

除掉了绊脚石后，三人一起把持朝政。

创业时齐心协力，一旦成功却分崩离析。

贾南风为了独揽大权，离间司马亮、司马玮，最终诛杀他们。

赵王司马伦看不下去，带兵杀入京城，毒杀贾南风。

司马伦掌权后，排除异己，惹得其余诸王讨伐。

整个晋朝乱成一锅粥，*史称"八王之乱"*。

连年内乱，惹来少数民族觊觎，从此历史进入新的混乱时期。

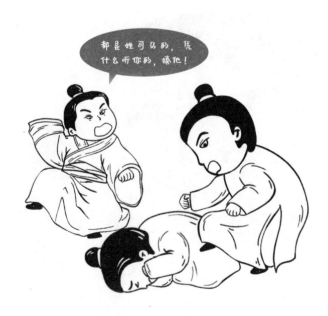

西晋末年，腐朽的统治阶级内部爆发了八王之乱，长达十六年的激烈混战，给人们生活带来了巨大灾难。

——吴晗《中国历史读本》

第四章

爱考试的隋唐时期

盛唐的磅礴气象，很大功劳属"考试"

　　唐朝政治开明、经济繁荣，它开创的科举制、租庸调、两税法奠定了强盛的基础。而它的大气、包容，促进了各民族的融合。

三省六部制，皇帝也做不了"巨婴"

　　"躺平"，就是不努力、混日子。这可不是好习惯。按理说，世上最有资格躺平的是皇帝，但事实果真如此吗？

皇帝想躺平，就得将事情交给别人做，一般来说都由丞相包揽。

丞相干久了，就想自己当老板。

霍光、曹丕、司马炎都是一脉相承。

让丞相只干活不造反，成了历代皇帝急需解决的大问题。三公九卿制、内朝、尚书台，都源于此，只是效果不太明显。隋唐时，三省六部制度出现，情况有所改观。

三省指的是中书省、门下省、尚书省。中书省负责下达命令。门下省审核，有不妥处可以驳回。尚书省负责执行。相权被一分为三，防止出现个人独揽大权的现象。

六部分为吏部、户部、礼部、兵部、刑部、工部，每部下设四个属司，共计二十四司。

六部二十四司隶属于尚书省，负责处理全国的行政事务。

弊端也很明显：一件事三个人办，很容易出现推诿扯皮现象。门下省甚至能驳回皇帝下达的命令，会让皇帝很没面子。

尚书省统辖六部，权力过大。所以，唐太宗不设尚书省长官，唐高宗选调外部官员参与议政。

到明代，"劳模"皇帝朱元璋干脆废了中书省和丞相，自己处理政务。

三省六部制，从巩固皇权，维持现状的意义上是很有用的。可是在事实上，官僚政治本身破坏了官僚机构，皇权和相权的冲突更有目的的摧毁了它。

　　　　——吴晗《历史的逻辑——吴晗讲历史系列》

科举考试的录取比例是多少

在古代中国，最难的考试不是中考，也不是高考，而是科举考试。那时候的考试，竞争难度会低吗？当然不！

公元605年，

隋炀帝设进士科取士，

按考试成绩任用官员，

科举制度正式诞生。

想不到吧，我还干过这等好事！
其实我也想做个好皇帝！

唐代科举考试分为两场,

每年秋天在地方举行秋试,又称秋闱。

考生是各地公办及私立学校的学生。

第一名被称为解元。

秋试合格的人，才能到首都长安参加省试。

省试在春天举行，被称为春闱。

考试第一名被称为状元。

后来常说的文科状元、理科状元，来历就在这。

您的春试成绩749分，
在全国排名第一！

除了春闱、秋闱，唐朝的科举形式还有制科和武举。制科，又被称为特科，是临时设置的考试。武举是武则天时期开设的，专门选拔将才。考试科目有马射、步射、摔跤等。

做官做绅士得从科举出身，竭一生的聪明才智去适应科举，"天下英雄入我彀中"。

　　　　　　——吴晗《历史的逻辑——吴晗讲历史系列》

唐代的"租庸调"分别指什么

依法纳税是公民应尽的基本义务。

在古代又是怎么纳税的呢？

同志们，每个大唐公民都要纳税，纳税光荣！

春秋时期，鲁宣公实施"初税亩"制度。他规定不论公田、私田，一律按亩征税。初税亩提高了国家收入，楚、郑、晋纷纷效仿。

寡人刚刚答应给晋侯上课，让他改天再约！

君上，齐侯请您讲课，课题是初税亩。

汉朝皇帝把农民编成户籍，按户征收田租、人头税。

除此之外，百姓还要服徭役、兵役。

汉朝吸取秦朝灭亡的教训，田租和徭役很轻，但人头税重。

到唐朝，开始实行租庸调制度。

租指田租，每丁每年要交粮食两石。

庸是指每丁每年为政府服二十天劳力。

调指的是每户每年要缴纳当地土特产如绢、

布等。

这项制度由唐高祖李渊推行的。他还规定，男子满二十岁就能分到一百亩田地。其中二十亩地可以永久保留，八十亩地等六十岁后还给国家。这就是另一项举措均田制。

租庸调和均田制，一度实现了人人有田种，家家有饭吃。农民生活有了依靠，社会稳定繁荣。杜甫才会写下"忆昔开元全盛日，小邑犹藏万家室"。这一切都得归功于租庸调。

可惜的是，安史之乱爆发后，百姓流离失所。再加上当时土地兼并严重，租庸调已经不适应当时情势。最终两税制取代了租庸调。

赋税的变化，也反映了历史的进步发展。

——吴晗《中国历史常识》

第五章

文人主政的宋、元

重文轻武，你离挨打不远了

为了防止武将夺位，北宋一直采用重文轻武政策，结果导致了"靖康之耻"。
偏安一隅的南宋并没有吸取教训，最终被来自草原的元朝政权灭国。

黄袍加身后皇帝的忧愁

请客吃饭，主人热情劝酒，总希望大家吃好喝好。可古代有位主人，只请人喝了顿酒，就把人赶回老家了。这是怎么回事呢？

周世宗柴荣去世，七岁儿子继位。

大将赵匡胤谎称有外敌入侵，带兵平乱。

刚离开京城，部下就给他披上黄袍，登基称帝。

这就是黄袍加身的来历。

当了皇帝，赵匡胤并不开心。武将把持地方军权财权，对中央形成极大的威胁。他怕部将们也玩黄袍加身的戏码。

皇帝每日唉声叹气，被谋士赵普看在眼里。他建议削除武将军权，收回地方财权，调用地方精兵，实现中央集权。

赵匡胤先解决地方问题，又把目光转向昔日部将。

　　一次，他邀请部将们喝酒，在宴席却故意唉声叹气。部将连忙问他为何满脸愁容。

唉！

陛下您怎么不去吃呀！是饭菜不好吃吗？

> 喝了这杯酒，你们就把军服脱了回老家吧！情谊都在酒里了。

　　赵匡胤说，你们虽不想当皇帝，但如果你们的部下贪图富贵，给你们来个黄袍加身，那时，你们就身不由己了。部将们吓得连忙下跪，第二天纷纷交出兵权。这就是"杯酒释兵权"。

　　北宋政府施行一系列加强中央集权的措施以后，严重地削弱了地方武装势力，改变了唐末、五代以来地方藩镇势力强大的局面。

——吴晗《中国历史读本》

皇帝为什么悄悄撤走了宰相的椅子

上课累吗？上课再累，可好歹还有椅子坐呢。要知道，在古代即使贵为宰相，也得站着上朝。

杯酒释兵权后，

赵匡胤牢牢抓住了军权。

接着，他又看上了宰相手中的笔杆子。

当时宰相备受尊重，见到皇帝不用跪拜。

还可以坐着上朝。逢年过节有慰问品。

生病了，皇帝还会亲自看望。

有一次上朝，宰相范质奏请事情。赵匡胤假装看不清，让范质把奏文拿近点，暗地里却安排人撤了他的椅子。

范质回到位上，发现椅子没了，只能尴尬地站着。大臣们一看，都纷纷站起来了。

　　从此以后，所有人都只能站着上朝，宰相也没了往日殊荣。

赵匡胤还设立参知政事、枢密使、三司使来分立相权。参知政事相当于宰相的助理，枢密使负责军国大事，三司使相当于财政部部长。这样，皇帝的权力大为增加了。

北宋以中书门下省为政事堂，简称"中书"，和枢密院分掌政务、军事，号称"二府"。

——吴晗《中国历史读本》

大家好！我叫苏东坡。我诗好，词好，文好，画好，长得帅，可是命不好。

大家吃过东坡肉吗？这可是大文豪苏东坡的发明。他文章写得好，还当过自卫队副队长。文人当武将，这是为什么呢？

苏轼自号"东坡居士",

所以大家都叫他苏东坡。

他才华横溢,年纪轻轻就名动京城。

就连文坛领袖欧阳修都很赏识他。

当时，北宋贫弱不堪。政府机构庞大，到处是冗员（多余的官员）、冗兵（多余的士兵）、冗费（多余的开支）。

这就是北宋时期的"三冗"危机。

为克服危机，宋神宗同意王安石变法。

变法内容主要有青苗法、保甲法、保

马法、将兵法等。

保守派极力反对变法，引发新旧党争。苏东坡从不拉帮结派，而是为国为民。新党得势时，他上书批评变法。旧党胜出，他又上书替王安石说话。最后，两党都视他为敌人。

大臣们歪解苏东坡的诗词，诬陷他对朝廷不忠。

　　苏东坡被贬任黄州团练副使。这就是著名的"乌诗台案"。

王安石变法触及了大官僚、大地主的利益，变法一开始就遭到了守旧大臣们的反对。

——吴晗《中国历史读本》

文人做知州，乱臣一锅粥

企业在招聘时，总会限制专业，生怕招来的不是人才。在宋朝，皇帝居然让文人来掌管军权，他为啥要这么做呢？

唐朝时，边境连连征战。

为守住边疆，朝廷开始在地方常驻军队，由节度使统领。

节度使权力有限，只能管军队。

后来，国库空虚，朝廷发不起工资。只好允许地方自给自足。节度使既管练兵，又管财政，权力瞬间扩大。有的甚至做起了皇帝梦。

宋朝吸取教训，采取措施架空节度使。

先在地方设立通判一职，负责监督节度使。此后又下派文臣接管民政和兵权。节度使变得无事可做了。

下派的文臣，称为"权知某军州事"，简称"知州"。

知州既管行政，又管军政。当时流传这么一句话，知州"上马管军，下马管民"。

文臣缺乏军事经验，根本不会带兵打仗，军队战斗力急速下降。因此宋朝一直被诟病军事软弱。

封建社会里的帝王对他们的部将和边地守土官员，是不存在信任基础的。

——吴晗《历史的镜子》

元朝的疆域到底有多大

大家都知道我国领土面积有960多万平方公里，那么元朝呢，它的疆域有多大呢？

公元 1206 年，成吉思汗统一了蒙古部落，建立了大蒙古国。

他积极对外扩张，先后灭了西辽、金、西夏。

忽必烈继承汗位后，灭了南宋，建立了元朝。元朝地幅辽阔，囊括中原地区、漠南漠北、青藏高原、澎湖列岛等地，疆域面积达 1300 万平方公里。

为了管理偌大的疆域，

元朝将天下划分为十个行省，创立了行省制度。

行省官员通常由左丞相、平章、右丞等六七人组成。

行省长官虽然总管军政大权，但却因内部机构牵制，有效避免了专权现象。

忽必烈统治时期，结束了 12 世纪以来宋金对峙的局面，完成了全国的统一。

——吴晗《中国历史读本》

三省制太多了，还是再省省吧

年轻人愿意花大钱买绝版球鞋，但也同样热爱拼单、团购。毕竟，能省就省吧。元朝设置官位，也是这个思路，一起来看看吧。

元朝只保留了中书省，掌握行政大权。

忽必烈又设立了枢密院掌军权，宣政院管理宗教事务。合在一起被称为"一省两院制"。

中书省总理全国政务。

长官为中书令，一般由太子担任，后来成为虚衔。

实职为下设的左右丞相，处理行政事务。

元朝在中书省下设立了吏、户、礼、工、刑、兵六部。六部负责执行中书省命令。元朝还将全国分为十个行省。行省全称"行中书省"，负责地方的一切军政事务。行省也归中书省管辖。

虽说一省制效率高，但弊端却更为致命。丞相既管六部，又管行省，真正做到了一人之下，万人之上。

元朝丞相有多猛呢？就拿燕帖木儿来说事吧，他娶了皇后为妻，还纳皇室之女为妾。丞相权势滔天，朝政混乱，官员贪污成风，汉人和蒙古人矛盾尖锐。元代统治不过 90 年就被推翻了。

元统治者耽溺享受，日渐腐化，替自己掘下最终的坟墓。

——吴晗《历史的逻辑——吴晗讲历史系列》

第六章

内斗的明朝

废除了丞相，却惹来了党争

　　勤劳的明太祖朱元璋为了巩固皇权，废除了丞相，制定了各种限制官员权力的规定。可惜，他的子孙们为了轻松，开启了宦官干政、内阁议政模式。明朝的文臣们也因废除相权获得了空前的权力，他们甚至开始了党争。而明朝也因党争最终走向灭亡。

朱元璋为什么要废除中书省和六部

老师怎么会亲自当班长？但这事在明朝就发生了。明朝有位皇帝，自己就干起了宰相的活。

丞相，朱重八把我穿了还不行，连相位也一起搬了！

问题出在大明第二任丞相胡惟庸身上。胡惟庸精明能干，深受朱元璋信任。自从他当了左丞相，就膨胀起来。

陛下这两天心情不好，这些国家大事就不烦他了，我来代劳吧。

当时，各部奏章，他要先看一遍。对自己不利的，就不上奏。有些大事，他甚至不禀报朱元璋，就直接处理。他贪污受贿，收到的赃款不计其数。

纸包不住火，有人上书告发胡惟庸。朱元璋大怒，下令彻查，最后处死了胡惟庸。胡惟庸一案，受牵连处死的有三万多人，就连右丞相汪广洋也牵涉其中。

此后，朱元璋废中书省和丞相。

他还规定，后世子孙不得再立丞相，有大臣敢奏议立相的，大刑伺候。

从此，朱元璋皇帝宰相一肩挑，成了皇帝中的劳模。

我凭本事打下的天下，为什么要搞一个丞相在这碍我眼！

其实，胡惟庸案只是给了朱元璋废相的理由。丞相权力过大，严重威胁了皇权。所以朱元璋是不会容忍相权存在的。胡惟庸只是相权和皇权之争的牺牲品罢了。当然，他并不无辜。

封建专制主义经过一千几百年的发展，到了朱元璋的时候，形成了一个历史上从来没有过的高度中央集权制的政治系统。

——吴晗《明朝大历史》

读书不好被充军，这谁顶得住

　　不好好学习，就会挨批评，这可是大家都懂的道理。明初，不好好学习，可是要充军的。今天就来聊聊这个话题吧。

明朝开国，朱元璋办了几个大案，杀掉好多人。官员没了，事情还是要人干的。但老百姓能认识自己名字都不错了，根本当不了官。为补充官员，他设立国子监，办起了教育事业。

热心肠的朱元璋还颁布了校规。校规彻底体现了军事化管理。比如不允许学生议论食堂饭菜、得跪着向老师问问题、请假得皇帝亲自批准、上厕所还得请示领牌子等。

如果有学生顶撞老师，轻则杖刑，重则发配充军。此外，他还不允许学生上书议论政事。士、农、工、商都可以上书，唯独学生不行。

- -

朱元璋将校训刻上石碑，立在学校门口。内容大意是必须遵守，否则全家发配到边疆开荒。

不好好读书，居然会连累全家。真是严厉至极。

粗暴的管理，培养出的只能是麻木听话的机器。

明仁宗时期，朝廷上下对这些规定终于不再重视。学生们迎来了光明。

明初国子监与其说是学校，不如更合适地说是刑场。不只是学生，也包括教官在内，在受死亡所威胁的训练下，造成的是绝对服从的、无思想的、奴性的官僚。

——吴晗《朱元璋传》

朱元璋为什么把皇位传给了孙子

如何选定合适的接班人，一直都是企业创始人头疼的问题。大明王朝董事长朱元璋，总是为这事烦心。

大明立国后，太子朱标去世得早，朱元璋不得不另选继承人。

皇四子朱棣英武果决，和自己很像。皇长孙朱允炆宽仁待人，是朱标的翻版。

手掌是肉，手背也是肉，太难选了。

立嫡，还是立贤？

立嫡，又叫嫡长子继承制，是儒家宗法制度里最基本的原则。它只承认嫡系继承权。

立贤则从诸子中挑选最贤能的继承。

听起来很美好吧。但问题是，候选人们都觉得自己最贤能，这样反而容易引起纷争。

朱元璋头很疼。

立朱棣，文臣们肯定拼命反对。

如果立朱允炆，那朱棣等人以后可能造反，朱允炆不一定能镇得住。

考虑到立嫡名正言顺，又确实疼爱朱允炆。

朱元璋最终选择朱允炆为下一任皇帝，

史称建文帝。

朱允炆只当了四年皇帝。

建文四年，朱棣以清君侧为名，起兵反叛，终于如愿以偿当上皇帝。

建文帝的去向，最终成了历史谜案。

朱元璋分封几个儿子的时候，虽然不让他们干涉政治，可是后来在与蒙古残余势力斗争过程中，边境几个藩王兵权壮大起来，以致发生了争权夺位的现象。

——吴晗《朱元璋传》

西厂和东厂谁的权力大

军统和中统，大家都听过吧。这是国民党两大特务机关。无独有偶，在明朝也有两个特务机构，西厂和东厂。

它俩谁的权力大呢？

东厂，全称东缉事厂，是明成祖朱棣建立的。

东厂只听命于皇帝，专门负责监视朝廷上下。有毁谤朝廷的人，可以立即抓捕，不用大理寺审判。这一特权，造就了无数的冤假错案，让东厂口碑极差。

明朝出名的太监几乎都出身东厂。比如刘瑾、魏忠贤等。明末，魏忠贤收罗大批党羽，把持朝政，大兴冤狱。甚至能决定首辅的提拔任命。

西厂的成立，是由都市传说开始的。成化年间，京城据说夜间出了妖狐。一时间，谣言四起。为弄清真相，皇帝朱见深命令太监汪直彻查。

汪直抓住机会，在皇帝面前狠狠表现了一把。朱见深觉得他很能干，于是给他成立了办事处，由他统领，专门负责侦查。这就是西厂。

西厂一心想压过前辈东厂。他们只要怀疑谁，就立马抓起来，甚至不用经过皇帝同意。他们竭力攀扯，争取把每件案子做大做恶。很快，西厂的权力就超过东厂了。

西厂红得快，消亡得也快。

西厂开开停停，前后也就存在八年时间。

要论老字号特务机关，只能是东厂。东厂存在二百多年，一路伴随大明王朝走到了终点。

皇帝需要造成恐怖空气的特种组织，特种监狱
和特种侦探，来监视每一个可疑的人，可疑的官吏。

——吴晗《历史的镜子》

大明宦官专政之门是谁开启的

如果你去过西湖玩，应该见过秦桧的跪像吧。

其实，大明朝几个干政宦官，也都有这资格。

明成祖时，就有了宦官干政现象，但那是皇帝允许的。当时，宦官权力并不大。除了掌管东厂，也就干干出使、监军之类的跑腿活。明成祖蛮横暴戾，宦官们平时想保命都够呛，怎么还敢专权。

唉，摊上这么个主子，啥时才能像偶像赵高那样风光啊！

明宣宗朱瞻基时，事情出现了变化。皇帝的主要工作是看奏章，然后批红。可朱瞻基精力不够，奏章都看不完。只好请身边的太监帮忙批红。他怕太监识字不多，请大学士教太监们读书。

有文化的宦官，在专权的道路上越走越远。

明英宗时，宦官王振把持朝政大权，横行朝野。

他怂恿皇帝御驾亲征瓦剌，结果惨败，史称"土木堡之变"。

明武宗朱厚照时，有八个为非作歹的宦官，号称"八虎"。

为首是刘瑾，他利用朱厚照贪玩的性格，整日里诱惑皇帝微服出游。他则趁机揽权。当时，人们都说大明有两个皇帝，一个坐皇帝，一个立皇帝。

魏忠贤的排面可大多了。

明朝末年，魏忠贤的党徒，有五虎、五彪、十狗、十孩儿等，没名号的就更多了。

朝野一致称呼他们为"阉党"。

阉党无恶不作，百姓们恨不得将他们食肉寝皮。

为何皇帝要任他们专权呢？

原来，明朝文臣经历过朱元璋的"锻炼"，变得十分强势，和后来的皇帝争执成了家常便饭。

为制衡文臣，皇帝故意培植起宦官势力。

明成祖创立了宦官出使专征监军分镇的制度和皇帝的侦查机关东厂。

　　——吴晗《吴晗讲历史：中国人的生存规矩》

大明王朝的廷杖纪录是谁创造的

小孩子不听话时，家长会说："再不听话，就打你屁股。"其实，大人的屁股也会挨板子，这事在明朝经常发生，一起来看看吧。

明太祖时期，就有廷杖致死的例子。朱元璋的部将朱亮祖，在镇守广东期间，为非作歹。朱元璋将他们父子二人在殿前鞭打致死。从此，廷杖大臣成了祖制。

一般情况下，皇帝都会留人一命的。廷杖不用脱掉衣裤，在臀部还垫上厚厚的棉花垫层。往往也就是为了侮辱大臣。可到了正德年间，大太监刘瑾把规矩彻底改了。

刘瑾下令，廷杖必须脱去衣裤，棍棍见肉。据说，他做了一个稻草人，在里面装了砖块。行刑官每天用它训练，练到表面没事，里面砖块粉碎才算合格。这下，行刑官成了内家高手。

正德皇帝刷新了大明廷杖纪录。

当时，皇帝朱厚照听信太监怂恿，要下江南游玩。大臣们纷纷谏言，皇帝大怒，杖责了 107 位大臣，有 11 人当场就被打死了。

五年后，纪录又被刷新。

嘉靖年间，因"大礼议"事件，皇帝朱厚熜下令廷杖 134 名大臣，有 16 名大臣被当场杖毙。这下，同时刷新了人数纪录以及死亡纪录。

由于廷杖实在是有辱斯文，很多大臣上书，"宁可死，也不接受廷杖之刑"。

天启时期，廷杖依然频繁发生，大多是因为魏忠贤专权。

诏狱、廷杖之下，士大夫不但可杀，而且可辱，君臣之间的距离越来越远。

——吴晗《历史的镜子》

知县正俸三文钱，借债操办年夜饭

大家都盼望过年，过年有假放，还有红包拿。可明朝的知县却害怕过年，因为他没钱。县长居然会没钱？

这是怎么回事呢？

洪武四年，朱元璋制定了大明工资制度。

他规定正一品月俸87石米、从一品72石米，正二品61石米，以此类推至正七品月俸7石米。

"石"是计量单位，明朝一石大约相当于现在150斤至180斤。

一个月就这点工资，上有老，下有小，可怎么活啊！

明成祖时，靖难之役掏空了国库。

为提高储备量，朱棣将工资分为本色和折色。

本色以大米为主，折色发的是纸币。

大明朝发行的纸币贬值得厉害，根本没人愿意用。

史书记载，明朝时一位正三品官员月薪 35 石米，实际只能领到部分米，另一部分被折换成别的东西，如绢布等。

每月工资很少，如何养活一家老小？

别说借钱办年夜饭，

能撑到过年都是奇迹了。

为了活下去，明朝的官员们不得不另想妙招。

常例钱，就是公认的灰色收入，也是大明官场的潜规则。

据海瑞统计，一个知县一年能收2000多两，比工资高多了。那么多钱，都是靠县里的衙役压榨百姓得来的。大明朝的百姓，也真是生活艰辛啊。

明代官俸之薄，可说是历史上所仅见的。

——吴晗《明朝历史的教训》

海禁——皇帝不许吃番茄

酸甜可口的番茄，大家都爱吃吧。这么好吃的东西，居然会有皇帝禁止。这是怎么回事呢？

其实，禁止吃番茄是在隐喻海禁政策。

海禁政策出现在明太祖时期。

朱元璋于洪武三年下令，禁止百姓私自进行海外贸易。

从此明朝开启长达 203 年的海禁时代。

明朝实行朝贡制度，一大帮番邦小国前来表示臣服，这让皇帝感到很有面子。

实施海禁，皇帝就能垄断国外的商品了。

元末，张士诚战败被杀，他的残余势力依然在海上活跃。沿海地区有很多人支持张士诚。朱元璋实施海禁，能很好地避免沿海引起骚乱。

此外，明朝后期饱受倭寇骚扰。

嘉靖年间，出现了四大倭寇。

在统治者看来，只要禁海了，这些倭寇就翻不出什么浪来。

尽管明朝实行了严厉的海禁政策，倭寇却依然猖獗。

受害最深的，反而是沿海居民。

他们靠海吃饭，禁海就是禁掉他们的饭碗。

很多沿海居民只能入海为盗。

当时，西方正处于大航海时代，明清两朝却固守在自己的一亩三分地里。直到洋人用坚船利炮，轰开中国的大门，我们才意识到自己原来早已落后。

闽浙人多地狭，向南发展到海洋本是自然趋势，明初的禁海令是反时代潮流的。

——吴晗《明朝历史的教训》

郑和下西洋是炫耀国威吗

大家都知道哥伦布吧？但他并不是最早的航海家。早在明代，就有人出海远航了，而且多达七次。

永乐三年,

明成祖朱棣命令郑和率领船队下西洋。

从此郑和便开启了航海生涯。

二十八年内,先后七次下西洋。

郑和先后到达三十多个国家。

与西方冒险家们不同，他每到一处，

只是宣扬和平，从不武力侵略。

他肃清了海盗，打通了海外诸国到明朝朝贡的海路。

有个叫陈祖义的海盗团伙，占据海路，抢劫往来船商。

郑和第一次下西洋时，就剿灭了他。

朱棣为什么要派郑和下西洋呢？其实，一开始的意图很简单，就是为了寻找失踪的朱允炆。有人说，朱允炆逃亡到海外，于是朱棣就派郑和出海找寻。

郑和没有带回朱允炆，却带回海边小国前来朝贡。朱棣膨胀起来。为宣扬大明国威，顺带捎些进口产品回国做买卖，他才多次让郑和出海。

只是，郑和下西洋前后花费了600多万两银子，耗费实在太大了。所以，之后明朝再也不派人下西洋了。

郑和之后，再无郑和。

你懂啥，这可是梁启超先生说的！

老师，这话听起来和没说一样啊。

永乐三年六月，郑和受命出使西洋，带领空前绝后之远征军作第一次航海壮举。

——吴晗《历史的逻辑：吴晗讲历史系列》

明朝为什么抗日援朝

抗美援朝，是一场正义的战争。其实，这不是中国第一次援助朝鲜了。在明朝万历时期，还有一次抗日援朝。这是怎么回事呢？一起来看看吧！

万历年间，日本诸侯丰臣秀吉统一
了全国，结束战国时代。

由于日本土地资源匮乏，野心勃勃的他便
侵略起了朝鲜。

朝鲜军队的战斗力完全不行，开战没两个月，首都汉城就陷落了。

朝鲜国王只能逃到中朝边境，请求明朝支援。

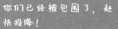

明朝派将军李如松率军4万，前去抗击日本。经过几个月的奋战，日本节节败退，最终递上投降书。

为什么明朝会答应援助朝鲜呢？

这是因为明朝是朝鲜的宗主国。小弟被打了，当大哥的不帮忙，有损威严。

抗日援朝挫败了日本妄图侵略明朝的阴谋，也奠定了此后东亚地区近三百年的和平基础。

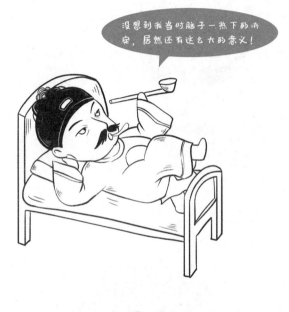

明朝看到了唇亡齿寒的关系，认为朝鲜是我们的友好邻邦，丰臣秀吉占领朝鲜以后就会向中国进攻，于是派军队去援助朝鲜。

——吴晗《历史的逻辑：吴晗讲历史系列》

第七章

高傲的清朝

故步自封，只是自取灭亡

　　作为中国封建社会的最后一个王朝，清朝也曾有过自己的辉煌——康乾盛世。彼时，西方各国已开始了工业革命。而清朝却依然采取闭关锁国政策，沉醉在天朝上国的美梦中。直到鸦片战争打响，它才意识到正是多年的故步自封，使得自己落后百年。

大清重臣为何戴护膝上朝

　　冬天，膝关节不好的爷爷奶奶，都会选择戴护膝。这可不是现代人的独创，清朝的大臣们上朝时也会戴护膝。这是怎么回事呢？一起来看看吧。

清朝统治者是满族人，

他们将大臣视为奴仆，仆人磕头是再正常不过的。

所以，清朝的跪拜规矩特别多。

大臣见到皇帝跪拜，老百姓见到当官的也要跪拜，下属见到上司也要跪拜。

年轻人一点规矩都不懂，见到领导，不应该跪下叩头吗？

刘大人，您好！

上朝时，官员首先要给皇帝来一套三跪九叩大礼。

年轻官员还好，一些年老的大臣可就受不了。

光跪下再起身就已经很为难了，更何况这样的套路要要三遍呢。

王爱卿，你为何不跪？

那没事，你们两个去帮王爱卿下腰。

臣老了，下不了腰。

为保护膝盖，大臣们一般都会戴上护膝上朝。当时护膝可没现在这么讲究，他们只是在膝盖上多加一块棉质的垫层，专门应付长跪不起的情形。

跪拜礼真是害人不浅。

相传，晚清名臣左宗棠，有一次行礼时跪久了，向前伏了一会，结果立刻就被人弹劾。户部尚书翁同龢每晚都在家练习跪拜叩头，只为第二天上朝时，自己能适应点。

清朝人做官的秘诀，相传有六个字：多叩头，少说话。

　　　　　　　　——吴晗《中国人的生存规矩》

雍正为什么设军机处

　　大家都知道临时机构吧。从名字上就能看出，这个机构以后是要被撤掉的。不过，清朝有一个临时机构，一直存活到大清灭亡。什么机构这么厉害？一起来看看吧。

公元 1729 年，雍正出兵攻打西北的部落。

为方便指挥，他临时成立了军机处。

此后，军机处总揽军政大权，成了清朝最高权力机关。

原来，满族八旗有民主议事的旧俗。遇到大事，八旗的王爷们一起讨论，形成了固定的会议制度。只不过，雍正时期，议政王大臣们只顾着享乐，会议解决不了实际问题。

内阁虽说被议政会议削弱了权力，但还是有些满族大学士把持大权。

比如纳兰明珠，他独揽朝政大权，在朝堂上结成党派，排除异己。

这样的内阁制度，严重威胁了皇权。

雍正挑选亲信担任军机大臣，成立军机处。

军机处相当于皇帝的秘书处，负责按皇帝的旨意处理军务、政务。

此后，内阁、议政会议便形同虚设。

军机处的设立，使君主专权达到巅峰。

而皇帝专权更容易让国家走向衰落。

慈禧太后独断专权，导致清王朝覆灭，就是明证。

军机大臣由于亲近皇帝，总揽一切，名实俱重，是中国历史上封建专制集权中央官制的最高发展。

　　　　　　　　　　　　——吴晗《中国历史读本》

中国近代史的开端——鸦片战争

历史课本上，经常会提到近代史。

那么，它是从哪一年开始的呢？

19世纪初，英国因工业革命，大量的商品急需对外出口。他们把主意打在了人口众多的中国身上。

他们派遣使者，向当时的乾隆皇帝请求通商。可乾隆断然拒绝。于是，一心想搞钱的英国人，干起了向中国走私鸦片的勾当。

鸦片是毒品，严重残害国人的身体。

而且，由于鸦片大量输入，中国白银外流，国库空虚。所以，到了道光年间，皇帝派林则徐前往广东禁烟。

再不禁鸦片，我连这身破衣服都穿不起了！

林则徐到广东后，勒令外国烟贩交出鸦片，并承诺不再贩卖。

　　他还把英国人的库存鸦片全部销毁。

　　这就是"虎门销烟"。

眼见被断了财路，英国于 1840 年发动侵华战争。国人英勇抵抗，奈何敌不过洋人的坚船利炮。最终，清政府向英国妥协，被迫签订了《南京条约》。

嘿嘿，不肯和我做生意，那我就抢！

《南京条约》是我国近代史上第一个不平等条约。

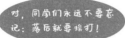

它的主要内容有：割让香港岛、赔偿战争款、开放通商口岸等。鸦片战争的失败和《南京条约》的签订，标志着中国开始沦为半殖民地半封建社会。

中国近代史是从 1840 年开始的，在这以前，中国社会是一个封建社会；在这以后，变成了半殖民地半封建社会。

——吴晗《中国历史读本》

我妈不让我分蛋糕——戊戌变法

　　吃生日蛋糕时，一般由寿星分蛋糕，因为寿星最大嘛。在清朝，慈禧太后就不让光绪分蛋糕。这是为什么呢？一起来看看吧。

慈禧太后并不是光绪帝的亲妈。慈禧的儿子是同治皇帝，19岁就去世了，没有子嗣。慈禧便从宗族中挑选光绪作为皇位继承人。严格来说，慈禧既是光绪的姨妈，又是他的大娘。

光绪皇帝7岁登基，朝政一直由慈禧太后把持。

由于统治者腐朽无能，西方列强开始侵略中国，国内民不聊生。

清政府面临严重的内忧外患。

待到光绪亲政时，又爆发了甲午中日战争。中国惨败，被迫与日本签订了丧权辱国的《马关条约》。康有为、梁启超等人得悉消息后，联合 1000 多名举人，上书请求变法。

慈禧太后垂帘听政多年，根本舍不得将权力还出去。

现在有了这么多支持，她就下令囚禁光绪，废除变法。

变法总共持续了103天，史称"百日维新"。由于变法是在戊戌年实施的，又称"戊戌变法"。

皇儿，你还是太年轻了啊！怎么可能斗得过我！

讽刺的是，两年后慈禧又实施新政，新政的很多内容都来源于戊戌变法。

　　这么看来，慈禧反对变法，只是为了重新夺取分蛋糕的权力。

没错，我就是要重新掌权，皇儿太稚嫩了，根本做不成事！

百日维新的过程中，政府自上而下出台了很多改革措施，其措施的涵盖范围之广、内容之多、改革力度之大，令人惊讶。

——吴晗《中国历史读本》